Impressum
Verlag: BABADADA GmbH, Nedderfeld 112 , 22529 Hamburg
Geschäftsführer / Verlagsleitung: Harald Hof
Druck: Books on Demand GmbH, In de Tarpen 42, 22848 Norderstedt

Imprint
Publisher: BABADADA GmbH, Nedderfeld 112 , 22529 Hamburg, Germany
Managing Director / Publishing direction: Harald Hof
Print: Books on Demand GmbH, In de Tarpen 42, 22848 Norderstedt, Germany

# skola

# škola

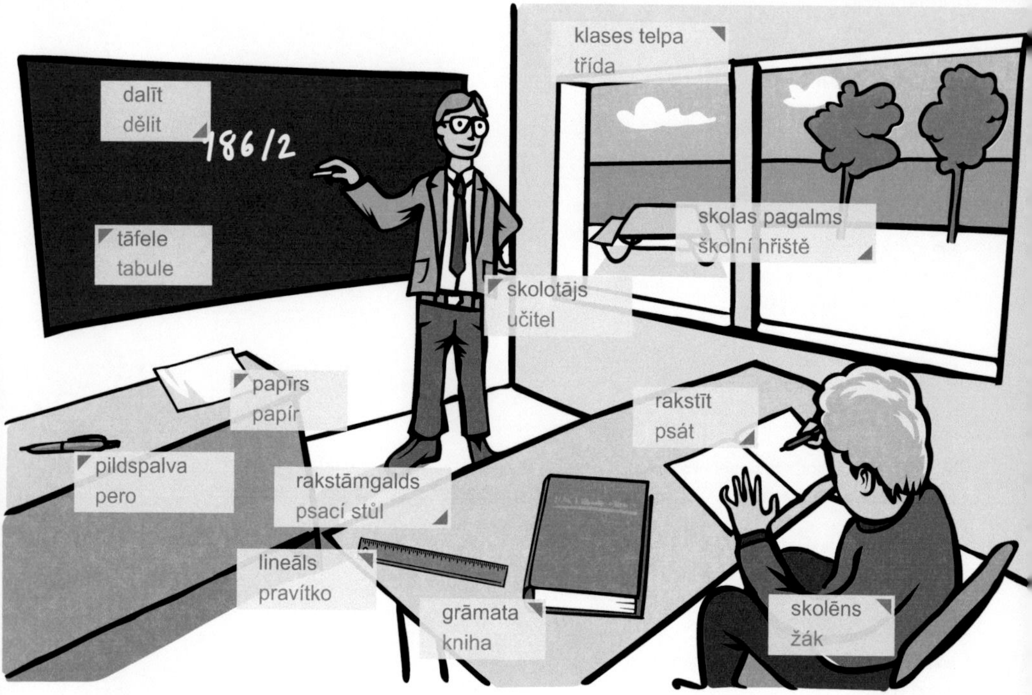
klases telpa
třída
dalīt
dělit
186/2
skolas pagalms
školní hřiště
tāfele
tabule
skolotājs
učitel
papīrs
papír
rakstīt
psát
pildspalva
pero
rakstāmgalds
psací stůl
lineāls
pravítko
grāmata
kniha
skolēns
žák

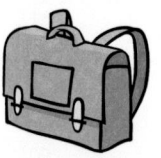

skolas soma

aktovka

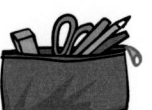

penālis

penál

zīmulis

tužka

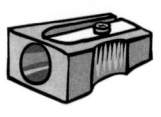

zīmuļu asināmais

ořezávátko

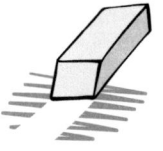

dzēšgumija

guma

zīmēšanas bloks

blok na kreslení

zīmējums
výkres

ota
štětec

krāsas
malířské potřeby

šķēres
nůžky

līme
lepidlo

darba burtnīca
cvičebnice

mājas darbs
domácí úkol

skaitlis
počet

saskaitīt
sčítat

atņemt
odčítat

reizināt
násobit

rēķināt
počítat

burts
písmeno

alfabēts
abeceda

vārds
slovo

teksts

text

lasīt

číst

krīts

křída

māčību stunda

hodina

žurnāls

třídní kniha

eksāmens

zkouška

liecība

vysvědčení

skolas forma

školní uniforma

izglītība

vzdělání

enciklopēdija

encyklopedie

universitāte

univerzita

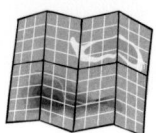

mikroskops

mikroskop

karte

karta

papīrgrozs

odpadkový koš na papír

# ceļojums
## cesta

viesnīca
hotel
Grand
hostelis
ubytovna
ROOMS
EXCHANGE
valūtas maiņas punkts
směnárna
čemodāns
kufr
automašīna
auto


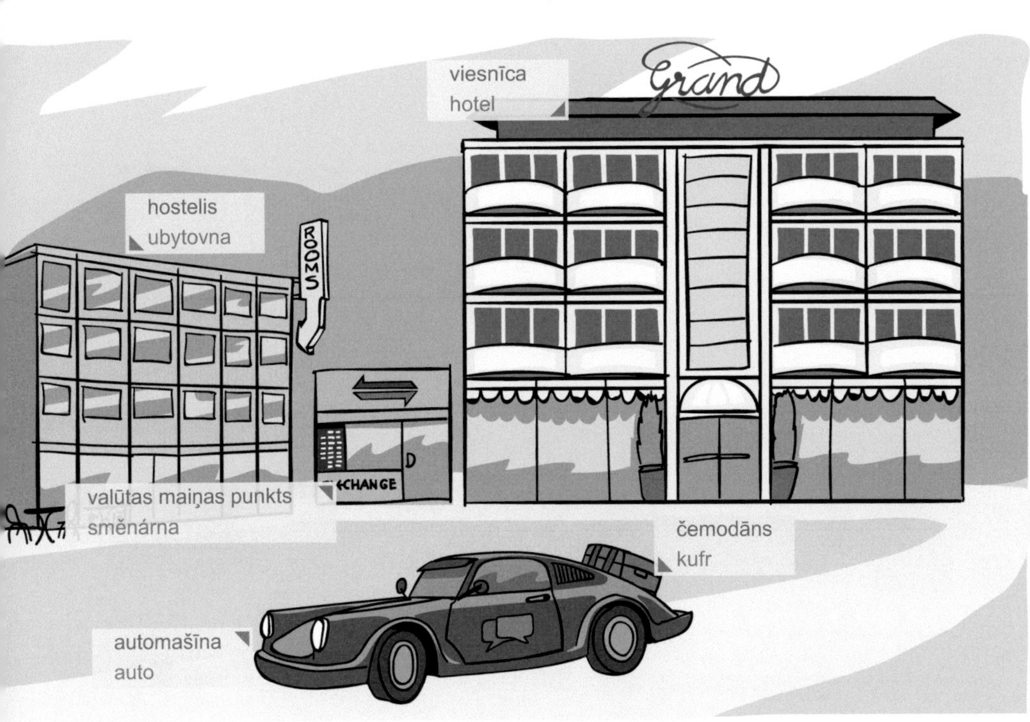

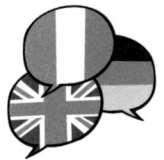

Valoda

jazyk

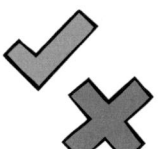

jā / nē

ano / ne

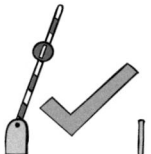

Okay

oukej

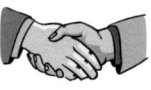

Sveiki!

Ahoj!

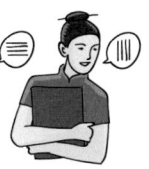

tulks

překladatel

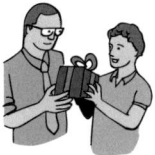

paldies

děkuji

Cik maksā…?

Kolik stojí...?

Es nesaprotu

nerozumím

problēma

problém

Labvakar!

Dobrý večer!

Labrīt!

Dobré ráno!

Ar labu nakti!

Dobrou noc!

Uz redzēšanos

na shledanou

virziens

směr

bagāža

zavazadlo

soma

taška

mugursoma

batoh

viesis

host

istaba

pokoj

guļammaiss

spací pytel

telts

stan

tūrisma informācija

turistické informace

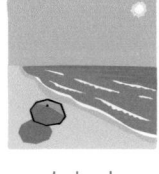

pludmale

pláž

kredītkarte

kreditní karta

brokastis

snídaně

pusdienas

oběd

vakariņas

večeře

biļete

jízdenka

lifts

výtah

pastmarka

poštovní známka

robeža

hranice

muita

clo

vēstniecība

poselství

vīza

vízum

pase

pas

# transports
# transport

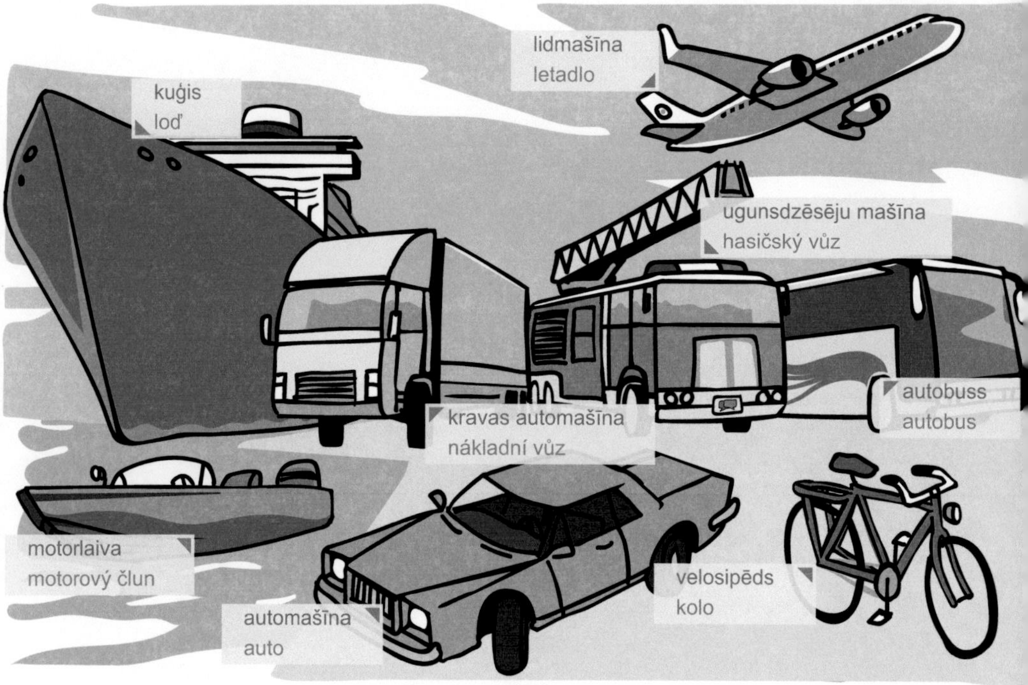
lidmašīna
letadlo
kuģis
loď
ugunsdzēsēju mašīna
hasičský vůz
autobuss
autobus
kravas automašīna
nákladní vůz
motorlaiva
motorový člun
velosipēds
kolo
automašīna
auto

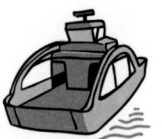

prāmis

přívoz

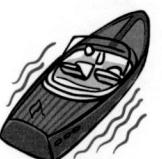

laiva

člun

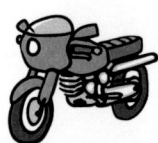

motocikls

motorka

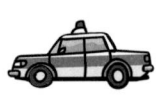

policijas automašīna

policejní auto

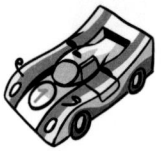

sacīkšu automobilis

závodní auto

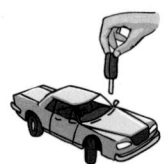

nomas auto

pronajaté auto

auto koplietošana

sdílení aut

evakuators

odtahová služba

atkritumu mašīna

popelářský vůz

dzinējs

motor

benzīns

palivo

degvielas uzpildes stacija

čerpací stanice

ceļa zīme

dopravní značka

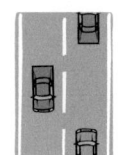

satiksme

doprava

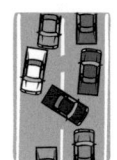

sastrēgums

dopravní zácpa

stāvvieta

parkoviště

dzelzceļa stacija

vlakové nádraží

sliedes

koleje

vilciens

vlak

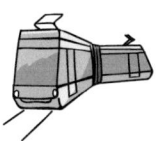

tramvajs

tramvaj

vagons

vagón

helikopters
helikoptéra

lidosta
letiště

tornis
věž

pasažieris
pasažér

konteiners
kontejner

kaste
kartón

ratiņi
trakař

grozs
koš

pacelties / nosēsties
vzlétnout / přistát

## pilsēta
## město

ciems
vesnice

pilsētas centrs
střed města

māja
dům

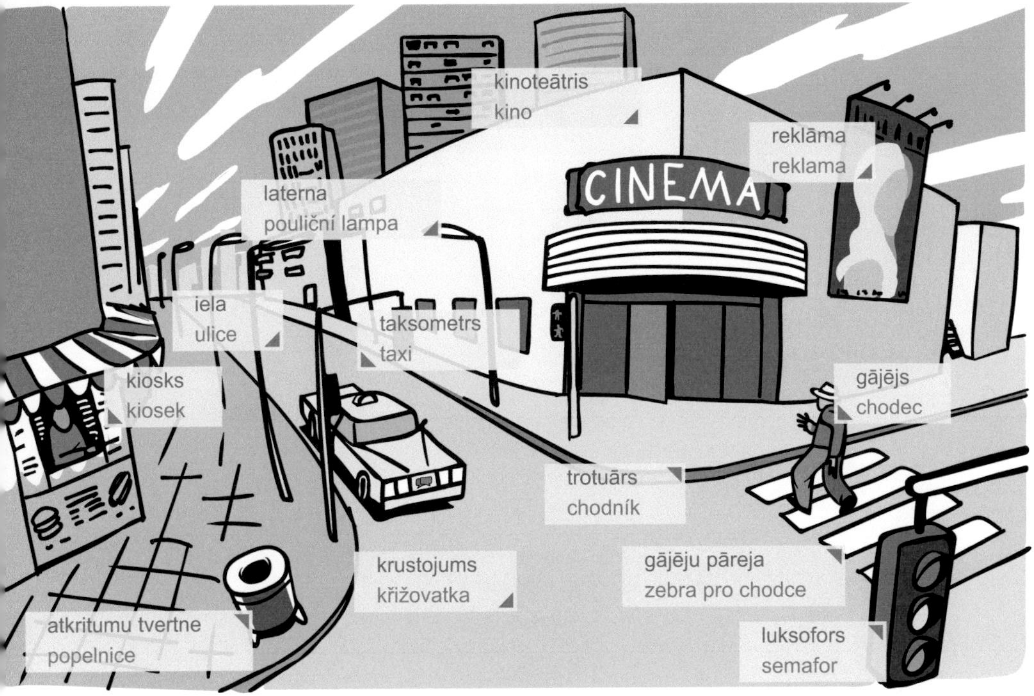

kinoteātris
kino

reklāma
reklama

laterna
pouliční lampa

CINEMA

iela
ulice

taksometrs
taxi

kiosks
kiosek

gājējs
chodec

trotuārs
chodník

krustojums
křižovatka

gājēju pāreja
zebra pro chodce

atkritumu tvertne
popelnice

luksofors
semafor

būda

chata

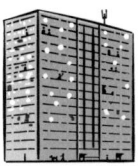

dzīvoklis

byt

dzelzceļa stacija

vlakové nádraží

rātsnams

radnice

muzejs

muzeum

skola

škola

universitāte

univerzita

banka

banka

slimnīca

nemocnice

viesnīca

hotel

aptieka

lékárna

birojs

kancelář

grāmatnīca

knihkupectví

veikals

obchod

ziedu veikals

květinářství

lielveikals

supermarket

tirgus

tržnice

tirdzniecības centrs

obchodní dům

zivju tirgotājs

rybárna

tirdzniecības centrs

nákupní centrum

osta

přístav

parks

park

sols

lavička

tilts

most

kāpnes

schody

metro

metro

tunelis

tunel

autobusa pieturvieta

autobusová zastávka

bārs

bar

restorāns

restaurace

pastkastīte

poštovní schránka

ielas nosaukuma plāksne

pouliční tabule

stāvlaika skaitītājs

parkovací hodiny

zooloģiskais dārzs

zoo

peldbaseins

plovárna

mošeja

mešita

zemnieku saimniecība
usedlost

vides piesārņojums
znečišťování životního prostředí

kapsēta
hřbitov

baznīca
církev

spēļu laukums
hřiště

templis
chrám

## ainava
## krajina

lapa / list

ceļrādis / rozcestník

ceļš / cesta

pļava / louka

akmens / kámen

koks / strom

ceļotājs / turista

upe / řeka

zāle / tráva

puķe / květina

ieleja
údolí

kalns
hora

ezers
jezero

mežs
les

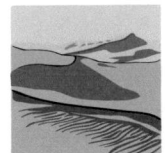

tuksnesis
poušť

vulkāns
sopka

pils
zámek

varavīksne
duha

sēne
houba

palma
palma

moskīts
komár

muša
moucha

skudra
mravenec

bite
včela

zirneklis
pavouk

ainava - krajina

vabole

brouk

varde

žába

vāvere

veverka

ezis

ježek

zaķis

zajíc

pūce

sova

putns

pták

gulbis

labuť

meža cūka

divoké prase

briedis

jelen

alnis

los

aizsprosts

přehrada

vēja ģenerators

větrné kolo

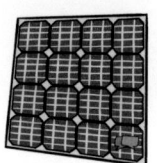

saules baterija

solární panel

klimats

podnebí

# restorāns
# restaurace

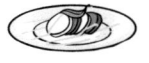

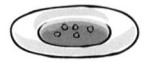

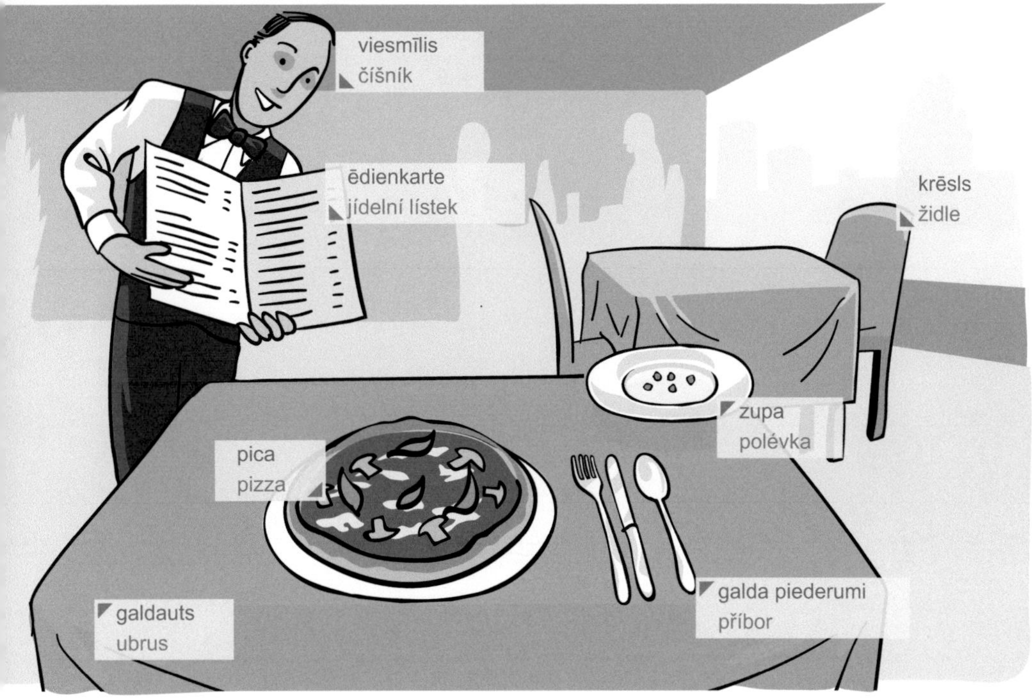

viesmīlis
číšník
ēdienkarte
jídelní lístek
krēsls
židle
zupa
polévka
pica
pizza
galda piederumi
příbor
galdauts
ubrus


uzkoda
předkrm

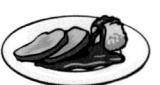

pamatēdiens
hlavní chod

deserts
dezert

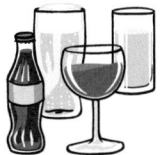

dzērieni
nápoje

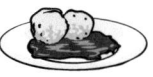

ēdiens
jídlo

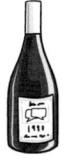

pudele
láhev

ātrās uzkodas

rychlé občerstvení

ielu uzkodas

pouliční občerstvení

tējkanna

čajová konvice

cukurtrauks

cukřenka

porcija

porce

espresso kafijas automāts

kávovar na espresso

bāra krēsls

dětská stolička

rēķins

faktura

paplāte

tác

nazis

nůž

dakša

vidlička

karote

lžíce

tējkarote

čajová lyžička

salvete

ubrousek

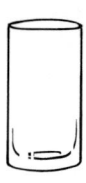

glāze

sklenička

restorāns - restaurace

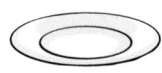

šķīvis

talíř

zupas šķīvis

talíř na polévku

apakštase

podšálek

mērce

omáčka

sāls trauciņš

slánka

piparu dzirnaviņas

mlýnek na pepř

etiķis

ocet

eļļa

olej

garšvielas

koření

kečups

kečup

sinepes

hořčice

majonēze

majonéza

# lielveikals
# supermarket

piedāvājums
nabídka
klients
zákazník
piena produkti
mléčné výrobky
augļi
ovoce
iepirkumu ratiņi
nákupní vozík
FOR

BUTCHERS

kautuve
masna

BAKERY

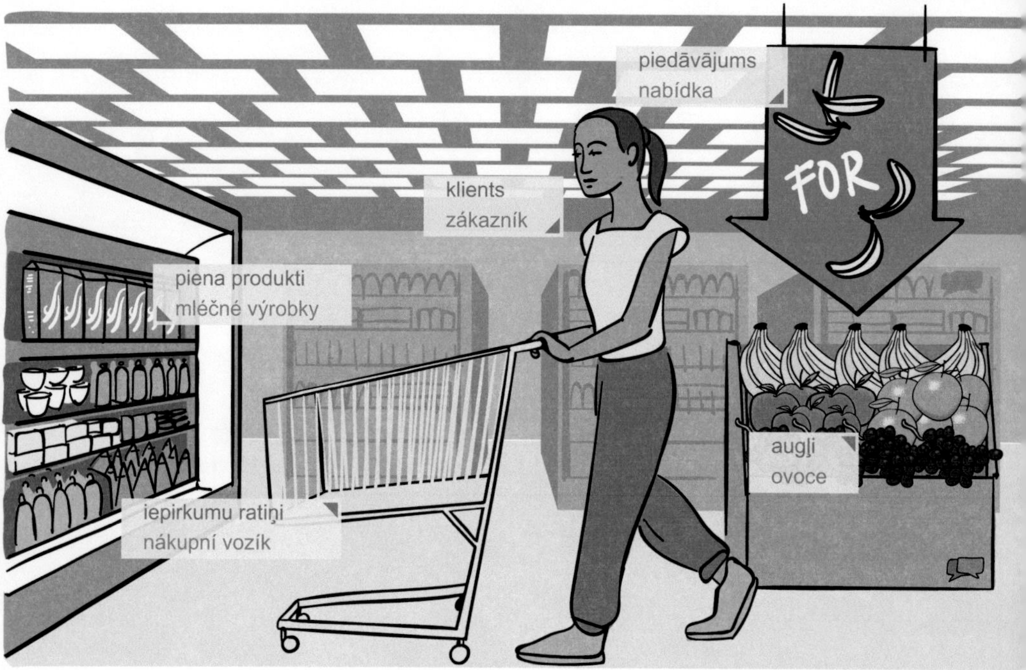

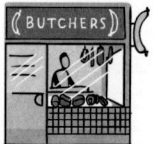

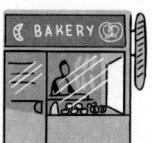

maizes veikals
pekařství

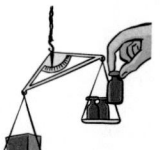

svērt
vážit

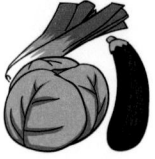

dārzeņi
zelenina

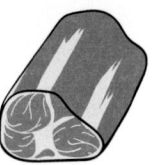

gaļa
maso

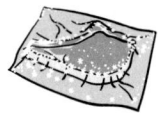

saldēti produkti
mražené potraviny

aukstās gaļas uzkodas

obložený talíř

konservi

konzervy

pulveris

prací prášek

saldumi

cukrovinky

mājsaimniecības preces

výrobky pro domácnost

tīrīšanas līdzeklis

čisticí prostředek

pārdevēja

prodavačka

kase

pokladna

kasieris

pokladní

iepirkumu saraksts

nákupní seznam

darba laiks

otevírací doba

maks

peněženka

kredītkarte

kreditní karta

soma

taška

maisiņš

igelitová taška

ūdens

voda

sula

džus

piens

mléko

kola

kola

vīns

víno

alus

pivo

alkohols

alkohol

kakao

kakao

tēja

čaj

kafija

káva

espresso

espresso

kapučīno

kapučíno

banāns

banán

ābols

jablko

apelsīns

pomeranč

melone

meloun

citrons

citrón

burkāns

mrkev

ķiploks

česnek

bambuss

bambus

sīpols

cibule

sēne

houba

rieksti

ořechy

makaroni

těstoviny

spageti

špageti

rīsi

rýže

salāti

salát

frī kartupeļi

hranolky

cepti kartupeļi

americké brambory

pica

pizza

hamburgers

hamburger

sviestmaize

sendvič

šnicele

řízek

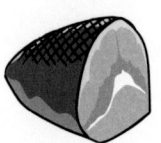

šķiņķis

šunka

salami

salám

desa

salám

vista

kuře

cepetis

pečeně

zivs

ryby

auzu pārslas

ovesné vločky

muslis

müsli

brokastu pārslas

vločky

milti

mouka

radziņš

croissant

brokastu maizītes

houska

maize

chléb

tostermaize

toast

cepumi

sušenky

sviests

máslo

biezpiens

tvaroh

kūka

buchta

ola

vejce

cepta ola

volské oko

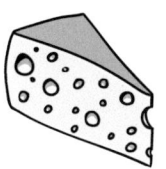

siers

sýr

saldējums
....................
zmrzlina

cukurs
....................
cukr

medus
....................
med

marmelāde
....................
marmeláda

riekstu krēms
....................
nugátový krém

karijs
....................
kari

# zemnieku saimniecība
## usedlost

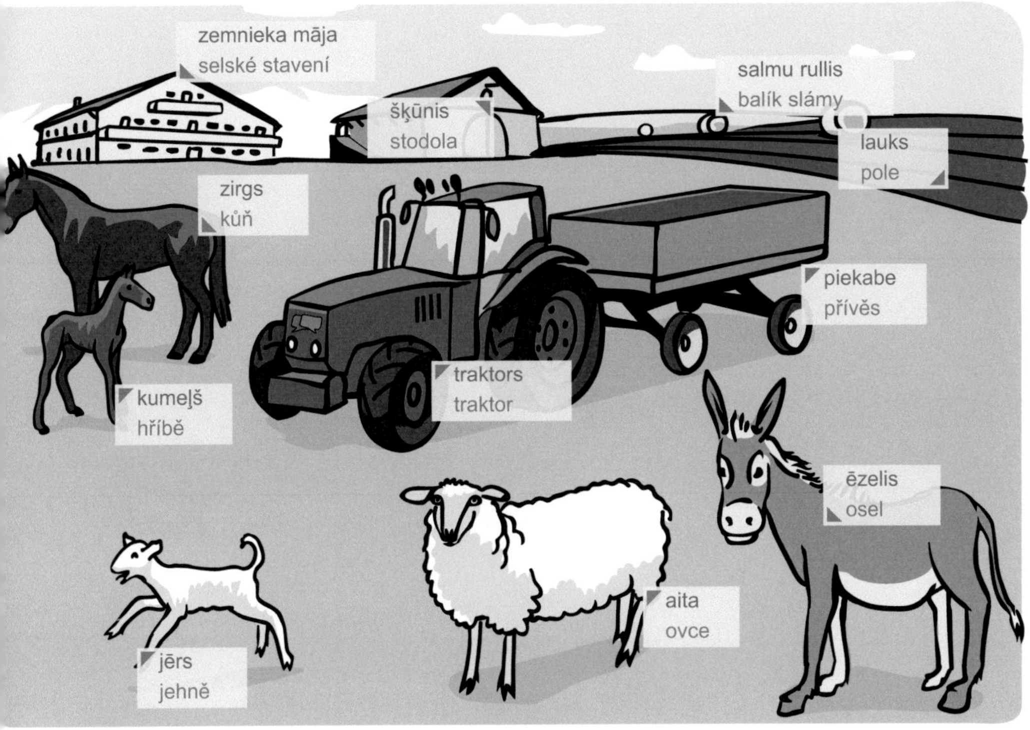
zemnieka māja
selské stavení
šķūnis
stodola
salmu rullis
balík slámy
lauks
pole
zirgs
kůň
piekabe
přívěs
traktors
traktor
kumeļš
hříbě
ēzelis
osel
aita
ovce
jērs
jehně

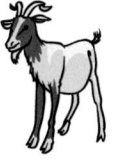

kaza

koza

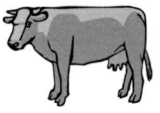

govs

kráva

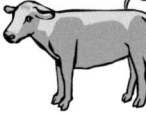

teļš

tele

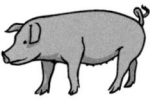

cūka

prase

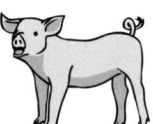

sivēns

sele

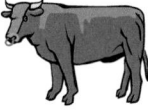

bullis

býk

zoss

husa

pīle

kachna

cālis

kuře

vista

slepice

gailis

kohout

žurka

krysa

kaķis

kočka

pele

myš

vērsis

vůl

suns

pes

suņa būda

psí bouda

dārza šļūtene

zahradní hadice

lejkanna

kropicí konev

izkapts

kosa

arkls

pluh

sirpis

srp

kaplis

motyka

mēslu dakša

vidle

cirvis

sekera

ķerra

kolecko

sile

koryto

piena kanna

konev na mléko

maiss

pytel

žogs

plot

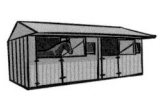

kūts

stáj

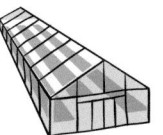

siltumnīca

skleník

augsne

půda

sēklas

osivo

mēslojums

hnojivo

kombains

kombajn

novākt ražu

sklidit

raža

sklizeň

jamss

smldinec

kvieši

pšenice

soja

sója

kartupelis

brambora

kukurūza

kukuřice

rapsis

řepka

augļu koks

ovocný strom

manioka

maniok

labība

obilí

# māja
# dům

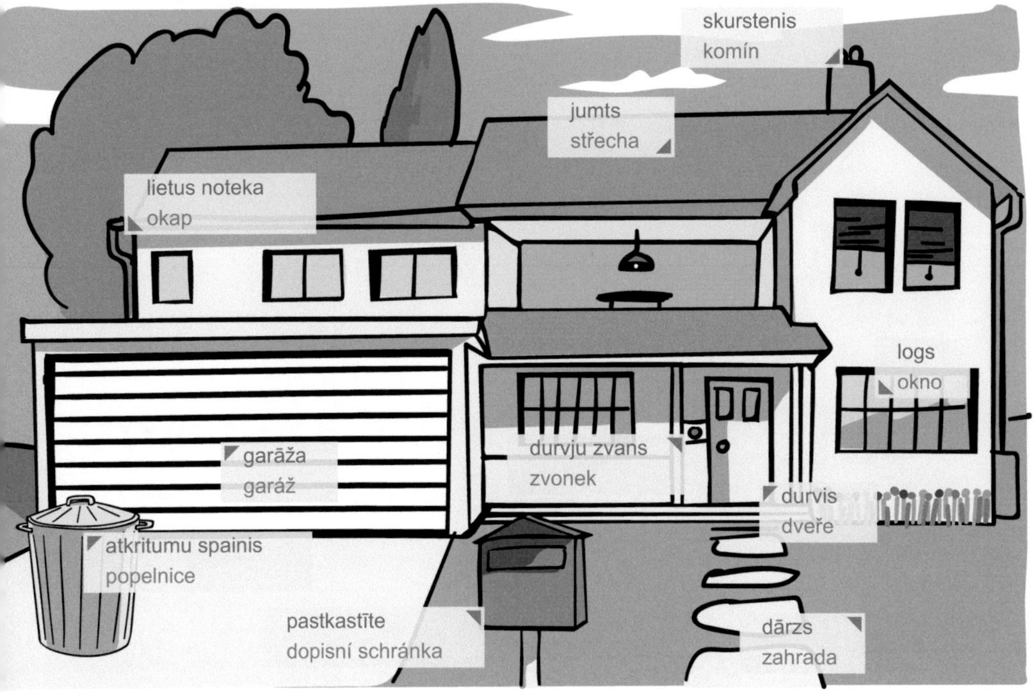
skurstenis
komín
jumts
střecha
lietus noteka
okap
logs
okno
garāža
garáž
durvju zvans
zvonek
durvis
dveře
atkritumu spainis
popelnice
pastkastīte
dopisní schránka
dārzs
zahrada

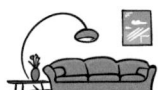

viesistaba

obývací pokoj

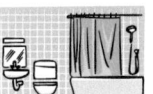

vannas istaba

koupelna

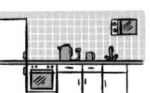

virtuve

kuchyně

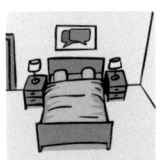

guļamistaba

ložnice

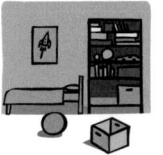

bērnu istaba

dětský pokoj

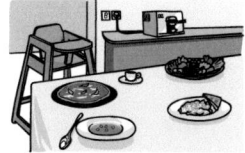

ēdamistaba

jídelna

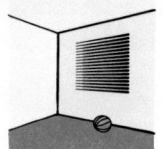

grīda

podlaha

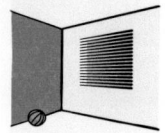

siena

zeď

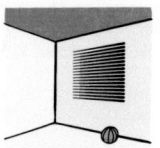

griesti

deka

pagrabs

sklep

sauna

sauna

balkons

balkón

terase

terasa

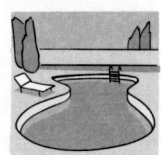

baseins

bazén

zāles plāvējs

sekačka na trávu

gultas veļa

ložní prádlo

sega

lůžková přikrývka

gulta

postel

slota

smeták

spainis

kýbl

slēdzis

vypínač

# viesistaba
## obývací pokoj

tapetes
tapeta
attēls
obrázek
lampa
žárovka
plaukts
police
skapis
skříň
televizors
televizor
kamīns
komín
puķe
květina
spilvens
polštář
dīvāns
gauč
vāze
váza
tālvadības pults
dálkový ovladač

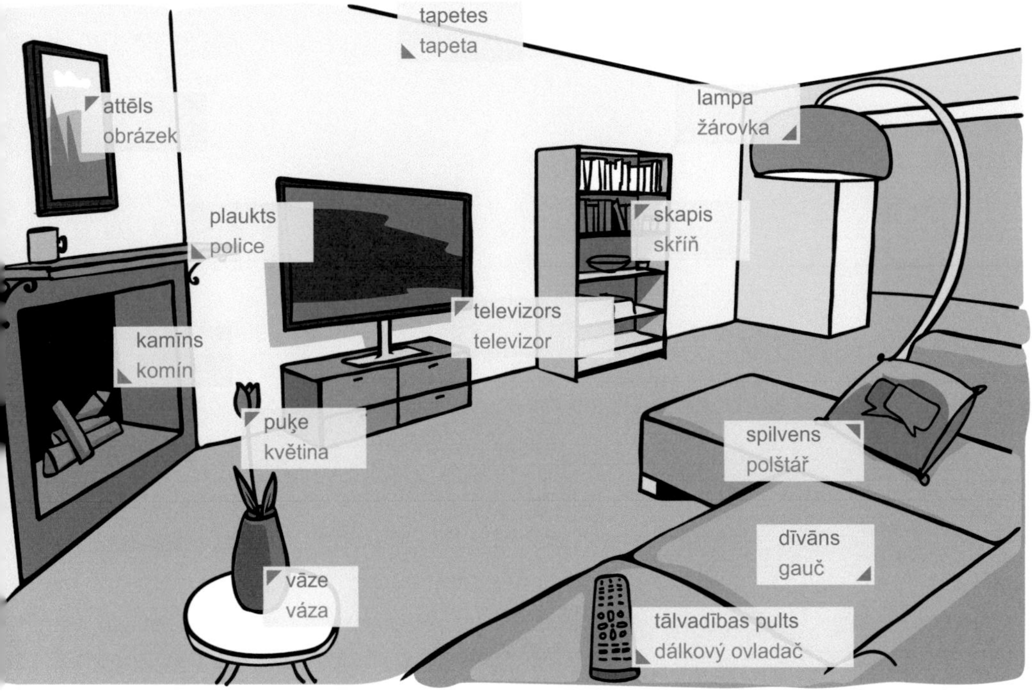

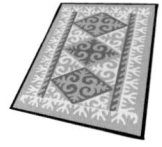

paklājs
koberec

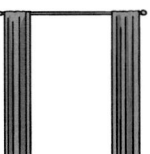

aizkars
závěs

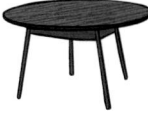

galds
stůl

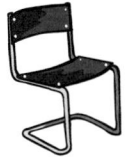

krēsls
židle

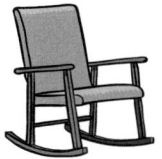

šūpuļkrēsls
houpací křeslo

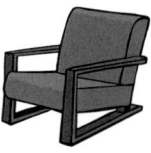

atpūtas krēsls
křeslo

grāmata

kniha

sega

strop

dekorācija

ozdoba

malka

palivové dříví

filma

film

mūzikas centrs

stereo souprava

atslēga

klíč

avīze

noviny

glezna

malba

plakāts

plakát

radio

rádio

pierakstu blociņš

poznámkový blok

putekļu sūcējs

vysavač

kaktuss

kaktus

svece

svíce

# virtuve
# kuchyně

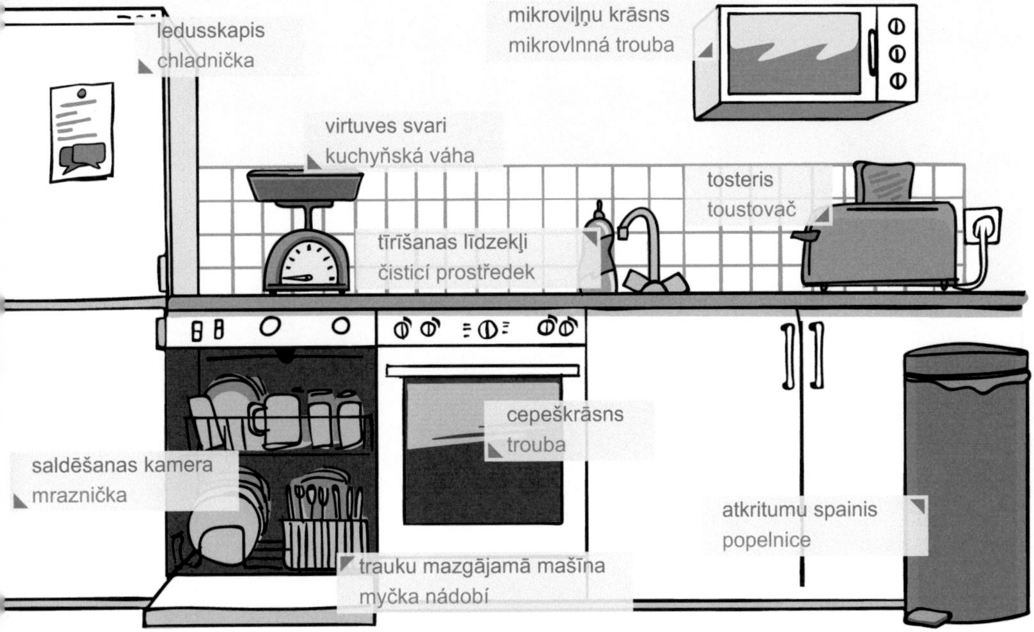

ledusskapis
chladnička
mikroviļņu krāsns
mikrovlnná trouba
virtuves svari
kuchyňská váha
tosteris
toustovač
tīrīšanas līdzekļi
čisticí prostředek
cepeškrāsns
trouba
saldēšanas kamera
mraznička
atkritumu spainis
popelnice
trauku mazgājamā mašīna
myčka nádobí


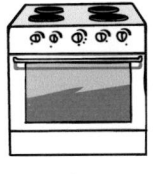

plīts

sporák

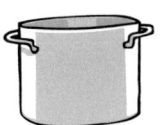

pods

hrnec

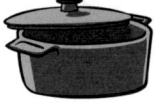

katls

litinový hrnec

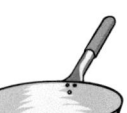

Wok panna

wok / kadai

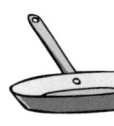

panna

pánev

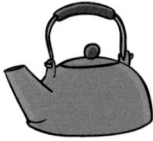

elektriskā tējkanna

varná konvice

tvaika katls

parní hrnec

cepešpanna

plech na pečení

trauki

nádobí

krūze

hrnek

bļoda

miska

irbulīši

jídelní hůlky

kauss

naběračka

lāpstiņa

obracečka

putošanas slotiņa

metla

sietiņš

síto

siets

cedník

rīve

struhadlo

piesta

hmoždíř

grilēt

gril

atklāts pavards

ohniště

dēlis

prkénko na krájení

mīklas rullis

váleček na těsto

korķu vilķis

vývrtka

bundža

dóza

konservu nazis

otvírák na konzervy

virtuves cimdi

chňapka

izlietne

umyvadlo

birste

kartáč na nádobí

sūklis

houba

mikseris

mixér

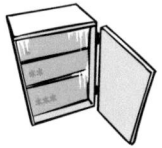

saldētava

mrazák

bērna pudelīte

dětská lahev

ūdenskrāns

kohoutek

# vannas istaba
# koupelna

apkure
topení
duša
sprcha
dvielis
ručník
dušas aizkari
sprchový závěs
vannas putas
pěnová koupel
vanna
vana
glāze
sklenička
veļas mašīna
pračka
ūdenskrāns
kohoutek
flīzes
obkladačky
podiņš
nočník
izlietne
umyvadlo


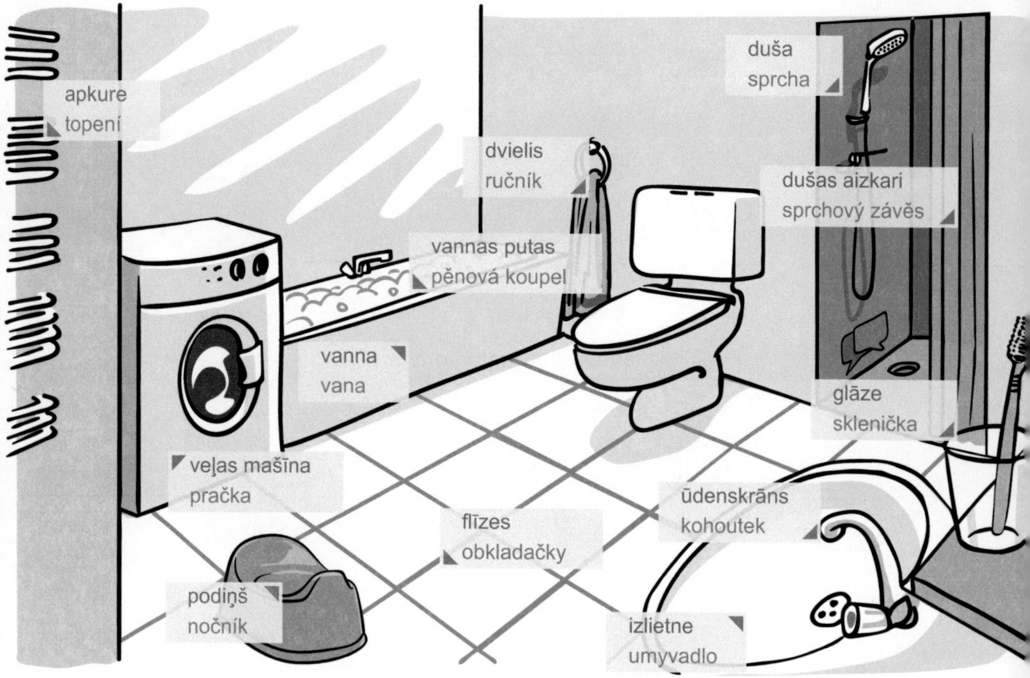

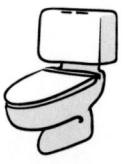

tualetes pods

záchod

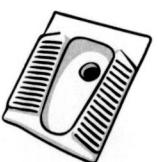

Āzijas tipa tualete

turecký záchod

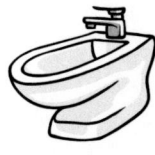

bidē

bidet

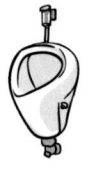

pisuārs

pisoár

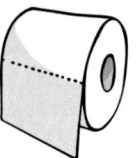

tualetes papīs

toaletní papír

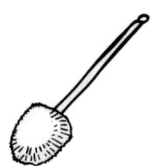

tualetes birste

záchodová štětka

zobu birste

zubní kartáček

zobu pasta

zubní pasta

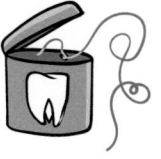

zobu diegs

zubní niť

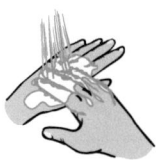

mazgāt

mýt

rokas duša

ruční sprcha

duša

intimní sprcha

bļoda

umyvadlo

muguras mazgāšanas birste

kartáč na záda

ziepes

mýdlo

dušas želeja

sprchový gel

šampūns

šampón

mazgāšanas drāna

žínka

noteka

odpad

krēms

krém

dezodorants

deodorant

spogulis

zrcadlo

spogulītis

kosmetické zrcátko

skuveklis

holicí strojek

skūšanās putas

pěna na holení

losjons pēc skūšanās

voda po holení

ķemme

hřeben

matu suka

kartáč

matu fēns

fén

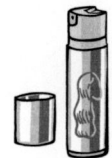

matu laka

lak na vlasy

grima komplekts

makeup

lūpu krāsa

rtěnka

nagulaka

lak na nehty

vate

vata

šķērītes

nůžky na nehty

smaržas

parfém

kosmētikas maks

aška s toaletními potřebami

ķeblītis

stolička

svari

váha

halāts

župan

tīrīšanas cimdi

gumové rukavice

tampons

tampón

pakete

dámská vložka

ķīmiskā tualete

chemická toaleta

# bērnu istaba
## dětský pokoj

modinātājs
budík
mīkstā rotaļlieta
plyšová hračka
spēļu automašīna
autíčko
grabulis
chrastítko
leļļu māja
domeček pro panenky
dāvana
dárek


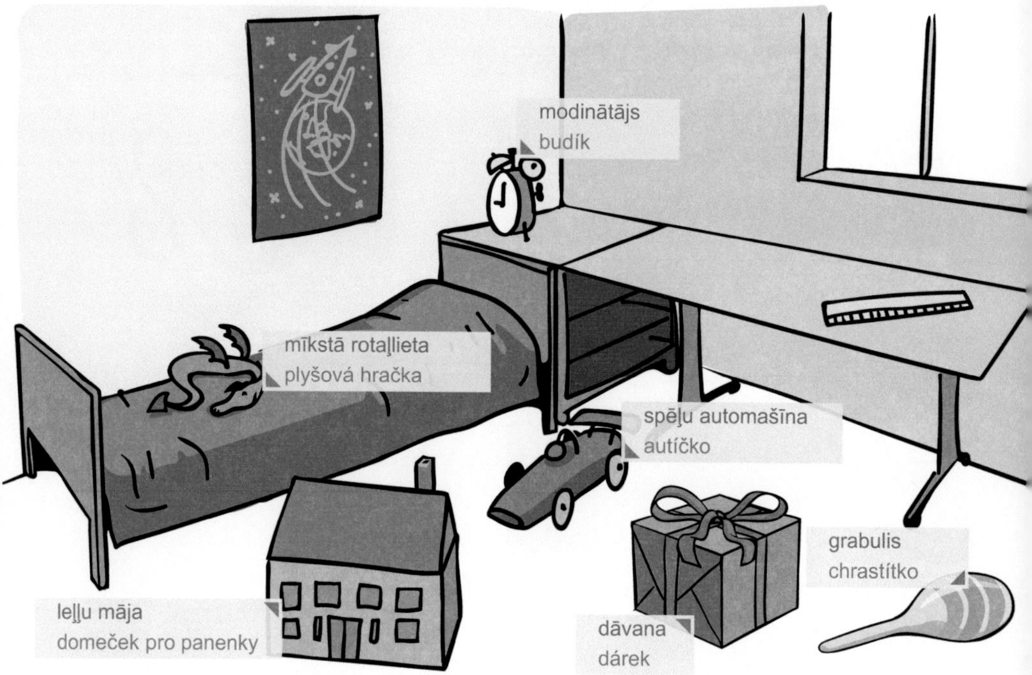

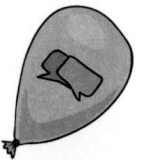

balons

balón

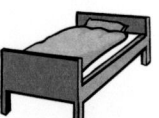

gulta

postel

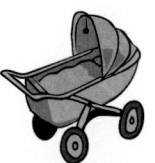

bērnu ratiņi

kočárek

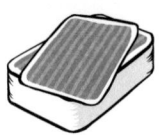

kārtis

balíček karet

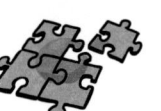

puzle

puzzle

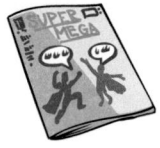

komikss

komiks

LEGO klucīši

lego kostky

klucīši

stavebnice

varoņu figūra

akční figurka

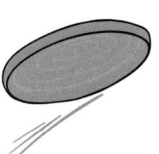

rāpulītis

dupačky

lidojošais šķīvītis

frisbee

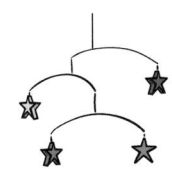

muzikālais karuselis

závěsné hračky nad postýlku

galda spēle

desková hra

metamais kauliņš

kostky

rotaļu dzelzceļš

modelová železnice

māneklis

dudlík

ballīte

oslava

bilžu grāmata

obrázková kniha

bumba

míč

lelle

panenka

spēlēt

hrát si

smilšu kaste

pískoviště

šūpoles

houpačka

rotaļlietas

hračky

spēļu konsole

hrací konzole

trīsritenis

tříkolka

plīša lācītis

medvídek

drēbju skapis

šatník

# apģērbs

## oblečení

īszeķes

ponožky

zeķes

punčochy

zeķbikses

punčochové kalhoty

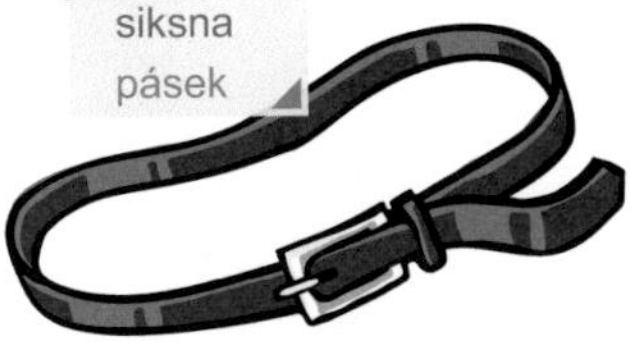

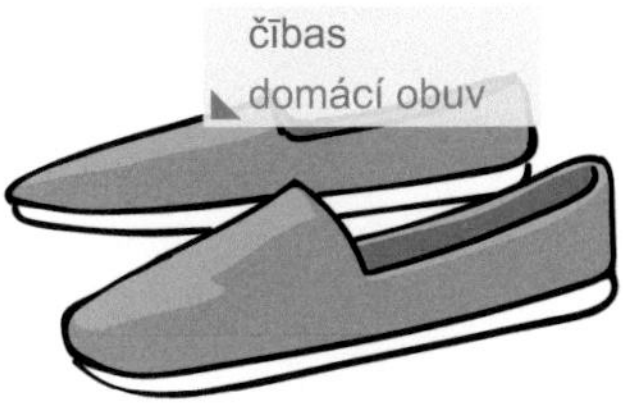

šalle
šála

lietussargs
deštník

siksna
pásek

T-krekls
tričko

zābaks
kozačky

čības
domácí obuv

botas
tenisky

sandales
............
sandály

kurpes
............
obuv

gumijas zābaki
............
holínky

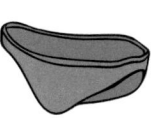

apakšbikses
............
spodní prádlo

krūšturis
............
podprsenka

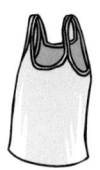

apakškrekls
............
nátělník

bodijs

body

bikses

kalhoty

džinsi

džíny

svārki

sukně

blūze

blůza

krekls

košile

pulovers

svetr

džemperis

mikina

žakete

blejzr

jaka

bunda

mētelis

kabát

lietus mētelis

pláštěnka

kostīms

kostým

kleita

šaty

kāzu kleita

svatební šaty

apģērbs - oblečení

uzvalks

oblek

naktskrekls

noční košile

pidžama

pyžamo

sari

sárí

lakats

šátek na hlavu

turbāns

turban

burka

burka

kaftāns

kaftan

abaja

abája

peldkostīms

plavky

peldbikses

pánské plavky

šorti

kraťasy

treniņtērps

tepláková souprava

priekšauts

zástěra

cimdi

rukavice

poga

knoflík

brilles

brýle

rokassprādze

náramek

kaklarota

náhrdelník

gredzens

prsten

auskars

náušnice

cepure

čepice

drēbju pakaramais

ramínko

platmale

klobouk

kaklasaite

kravata

rāvējslēdzējs

zip

ķivere

helma

bikšturi

kšandy

skolas forma

školní uniforma

uniforma

uniforma

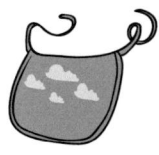

priekšautiņš

bryndák

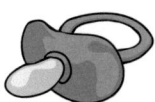

māneklis

dudlík

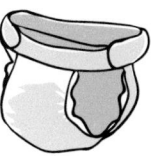

autiņbiksītes

plena

# birojs

## kancelář

serveris
server
dokumentu skapis
kartotéka
printeris
tiskárna
papīrs
papír
monitors
monitor
rakstāmgalds
psací stůl
pele
myš
dokumentu vāki
šanon
klaviatūra
klávesnice
papīrgrozs
odpadkový koš na papír
dators
počítač
krēsls
židle

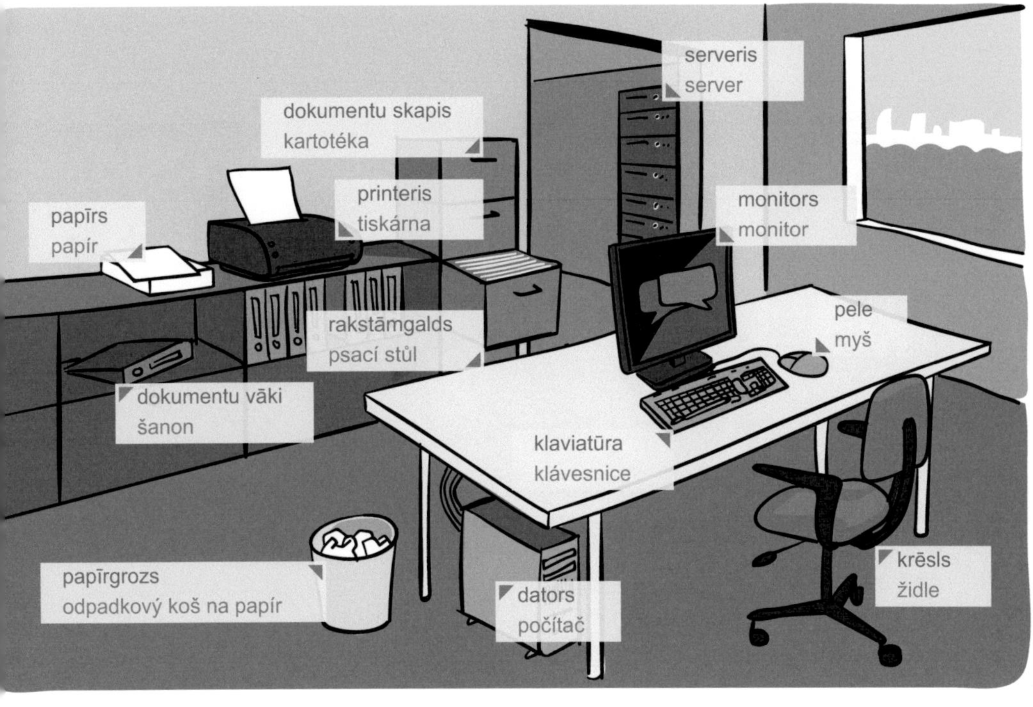

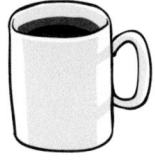

kafijas krūze

hrnek na kávu

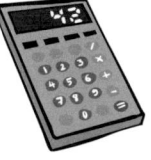

kalkulators

kalkulačka

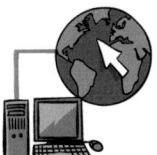

internets

internet

portatīvais dators

notebook

vēstule

dopis

ziņa

zpráva

mobilais tālrunis

mobil

tīkls

síť

kopētājs

kopírka

programmatūra

software

telefons

telefon

rozete

zásuvka

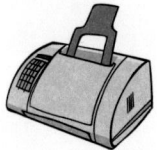

faksa aparāts

fax

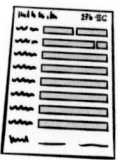

formulārs

formulář

dokuments

dokument

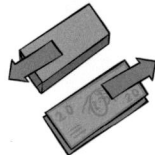

pirkt

nakupovat

samaksāt

zaplatit

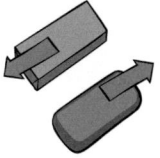

tirgot

jednat

nauda

peníze

 **USD**

dolārs

dolar

 **EUR**

eiro

euro

 **JPY**

jēna

jen

 **RUB**

rublis

rubl

 **CHF**

franks

frank

 **CNY**

juaņa renminbi

juan

 **INR**

rūpija

rupie

bankomāts

bankomat

valūtas maiņas punkts

směnárna

zelts

zlato

sudrabs

stříbro

nafta

olej

enerģija

energie

cena

cena

līgums

smlouva

nodoklis

daň

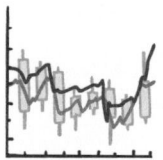

akcija

akcie

strādāt

pracovat

darbinieks

zaměstnanec

darba devējs

zaměstnavatel

fabrika

továrna

veikals

obchod

policists
policista

ugunsdzēsējs
hasič

pavārs
kuchař

ārsts
lékař

pilots
pilot

dārznieks

zahradník

galdnieks

truhlář

šuvēja

švadlena

tiesnesis

soudce

ķīmiķis

chemik

aktieris

herec

autobusa vadītājs

řidič autobusu

taksometra vadītājs

řidič taxi

zvejnieks

rybář

apkopēja

uklízečka

jumiķis

pokrývač

viesmīlis

číšník

mednieks

myslivec

gleznotājs

malíř

maiznieks

pekař

elektriķis

elektrikář

celtnieks

stavební dělník

inženieris

inženýr

miesnieks

řezník

skārdnieks

klempíř

pastnieks

listonoš

karavīrs
vojak

arhitekts
architekt

kasieris
pokladní

florists
florista

frizieris
kadeřník

konduktors
průvodčí

mehāniķis
mechanik

kapteinis
kapitán

zobārsts
zubař

zinātnieks
vědec

rabīns
rabín

imāms
imám

mūks
mnich

mācītājs
duchovní

# instrumenti

# nářadí

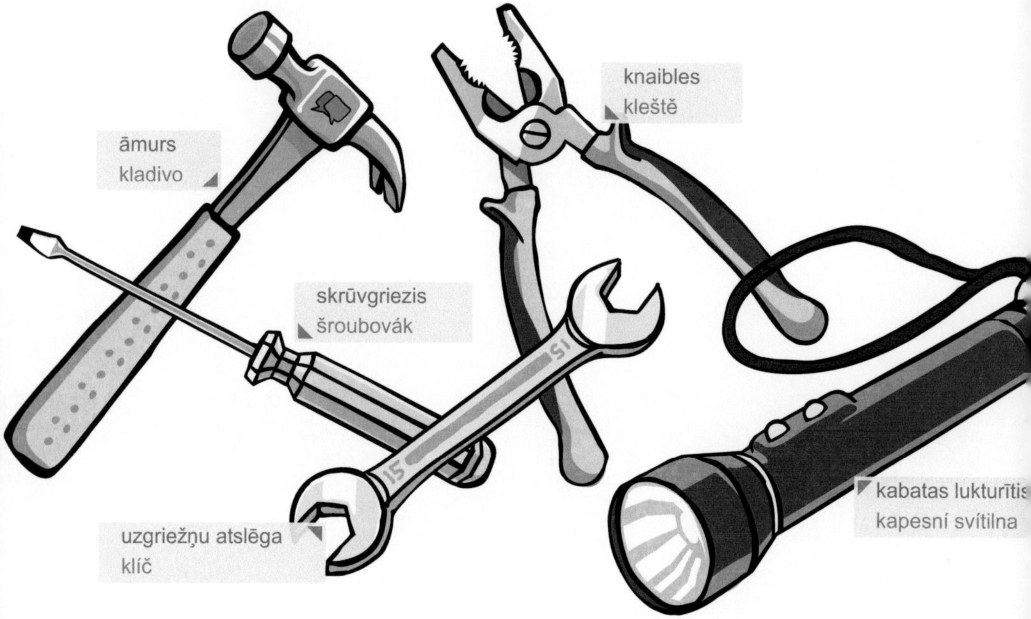

āmurs
kladivo
knaibles
kleště
skrūvgriezis
šroubovák
uzgriežņu atslēga
klíč
kabatas lukturīti
kapesní svítilna


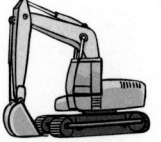

ekskavators

bagr

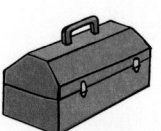

instrumentu kaste

skříň na nářadí

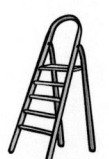

kāpnes

žebřík

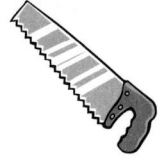

zāģis

pila

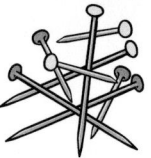

naglas

hřebíky

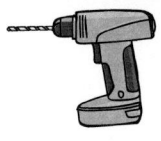

urbis

vrtačka

remontēt

opravit

lāpsta

lopata

Velns!

Kurva!

liekšķere

lopatka

krāsas bundža

vědroé na barvu

skrūves

šrouby

## mūzikas instrumenti
## hudební nástroje

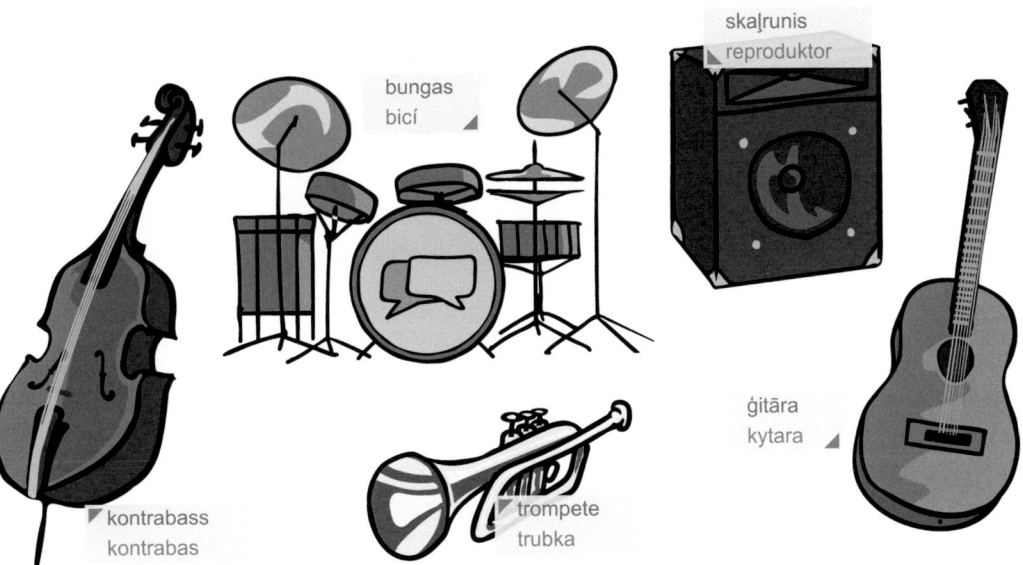

skaļrunis
reproduktor

bungas
bicí

ģitāra
kytara

kontrabass
kontrabas

trompete
trubka

klavieres

klavír

vijole

housle

bass

basa

timpāni

tympán

bungas

bubny

digitālās klavieres

keyboard

saksofons

saxofon

flauta

flétna

mikrofons

mikrofon

# zooloģiskais dārzs

## zoo

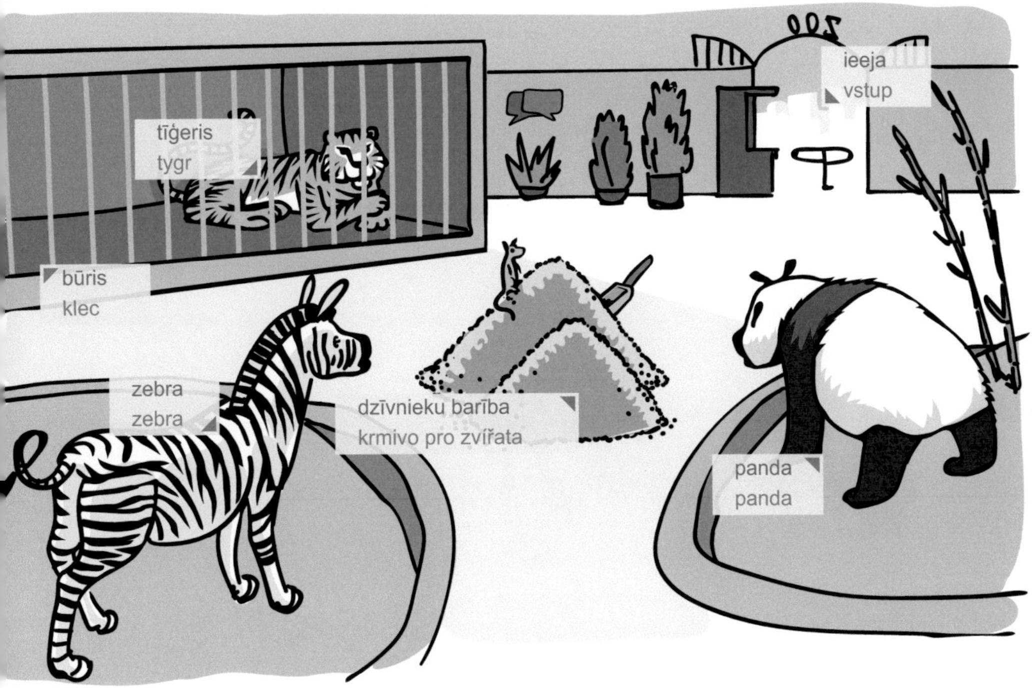

tīģeris
tygr
ieeja
vstup
būris
klec
zebra
zebra
dzīvnieku barība
krmivo pro zvířata
panda
panda


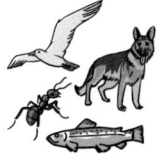

dzīvnieki

zvířata

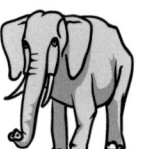

zilonis

slon

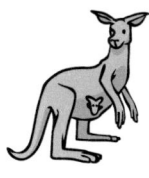

ķengurs

klokan

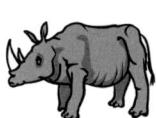

degunradzis

nosorožec

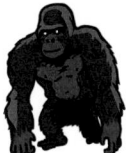

gorilla

gorila

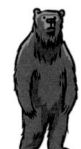

lācis

medvěd

kamielis

velbloud

strauss

pštros

lauva

lev

pērtiķis

opice

flamings

plameňák

papagailis

papoušek

polārlācis

lední medvěd

pingvīns

tučňák

haizivs

žralok

pāvs

páv

čūska

had

krokodils

krokodýl

zoodārza sargs

ošetřovatel zvířat

ronis

tuleň

jaguārs

jaguár

ponijs

poník

leopards

leopard

nīlzirgs

hroch

žirafe

žirafa

ērglis

orel

meža cūka

divoké prase

zivs

ryby

bruņurupucis

želva

valzirgs

mrož

lapsa

liška

gazele

gazela

amerikāņu futbols
americký fotbal

riteņbraukšana
cyklistika

teniss
tenis

basketbols
košíková

peldēšana
plavání

hokejs
lední hokej

bokss
box

futbols

kopaná

badmintons

badminton

vieglatlētika

lehká atletika

rokas bumba

házená

slēpošana

běh na lyžích

polo

vodní pólo

# darbības

# aktivity

smieties
smát se
lēkt
skočit
apskaut
objímat
iet
jít
dziedāt
zpívat
sapņot
snít
lūgt
modlit se
skūpstīt
políbit


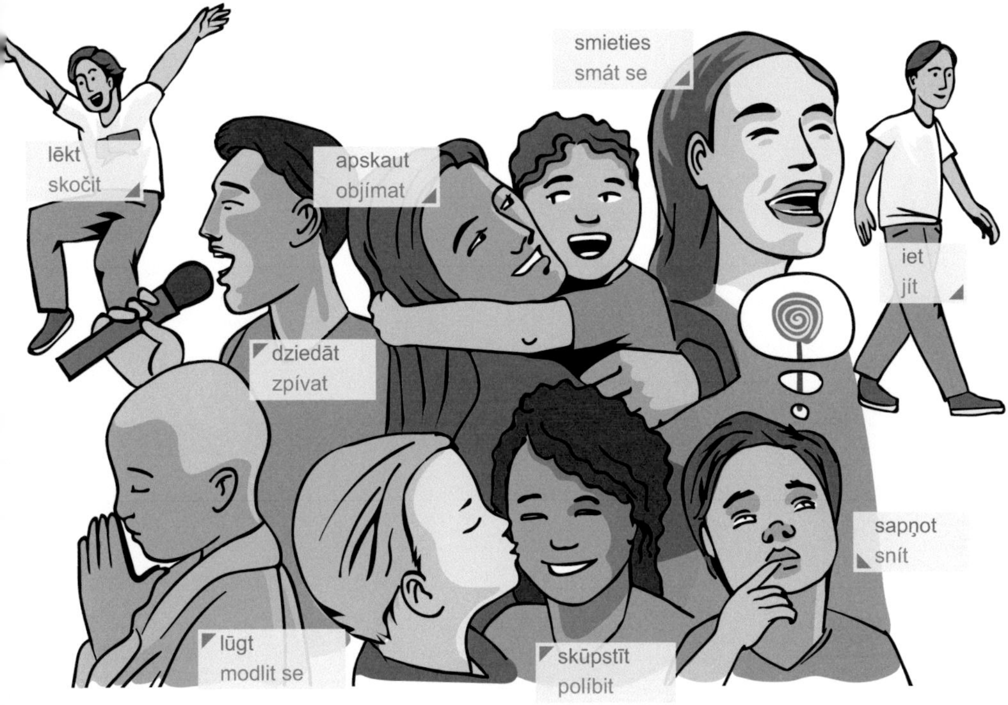

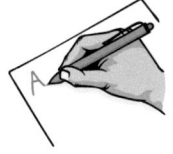

rakstīt

psát

zīmēt

kreslit

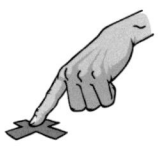

rādīt

ukazovat

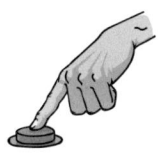

spiest

tlačit

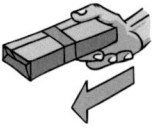

dot

dát

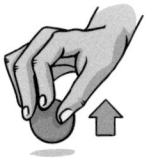

ņemt

vzít si

būt

mít

darīt

dělat

būt

být

stāvēt

stát

skriet

běhat

vilkt

táhnout

mest

hodit

krist

padat

gulēt

ležet

gaidīt

čekat

nest

nosit

sēdēt

sedět

uzģērbt

oblékat

gulēt

spát

pamosties

vzbudit se

skatīties

prohlédnout si

raudāt

plakat

glāstīt

pohladit

ķemmēt

česat

runāt

hovořit

saprast

rozumět

jautāt

ptát se

dzirdēt

slyšet

dzert

pít

ēst

jíst

sakārtot

uklidit

mīlēt

milovat

vārīt

vařit

braukt

jet

lidot

letět

burot

plachtit

rēķināt

počítat

lasīt

číst

mācīties

učit se

strādāt

pracovat

precēties

vzít si

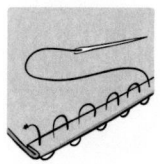

šūt

šít

tīrīt zobus

čistit si zuby

nogalināt

zabít

smēķēt

kouřit

sūtīt

poslat

# ģimene
# rodina

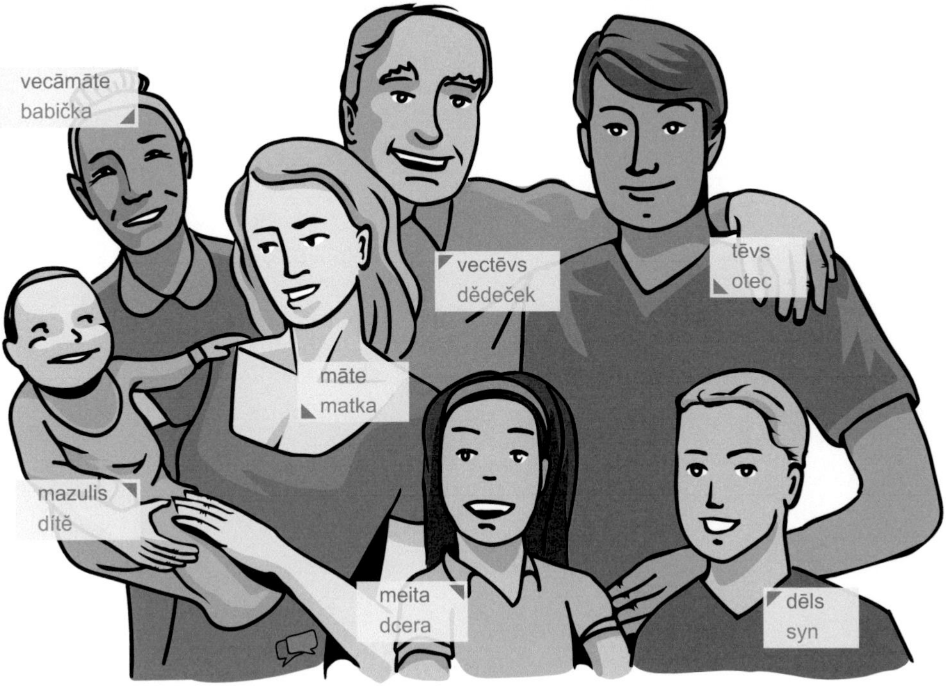
vecāmāte
babička
vectēvs
dědeček
tēvs
otec
māte
matka
mazulis
dítě
meita
dcera
dēls
syn

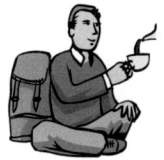

viesis

host

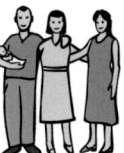

tante

teta

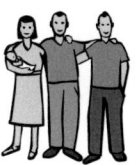

onkulis

strýc

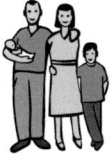

brālis

bratr

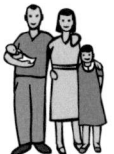

māsa

sestra

# ķermenis

## tělo

piere
čelo
acs
oko
plecs
rameno
pirksts
prst
seja
obličej
zods
brada
roka
ruka
krūtis
hruď
kāja
dolní končetina
roka
paže

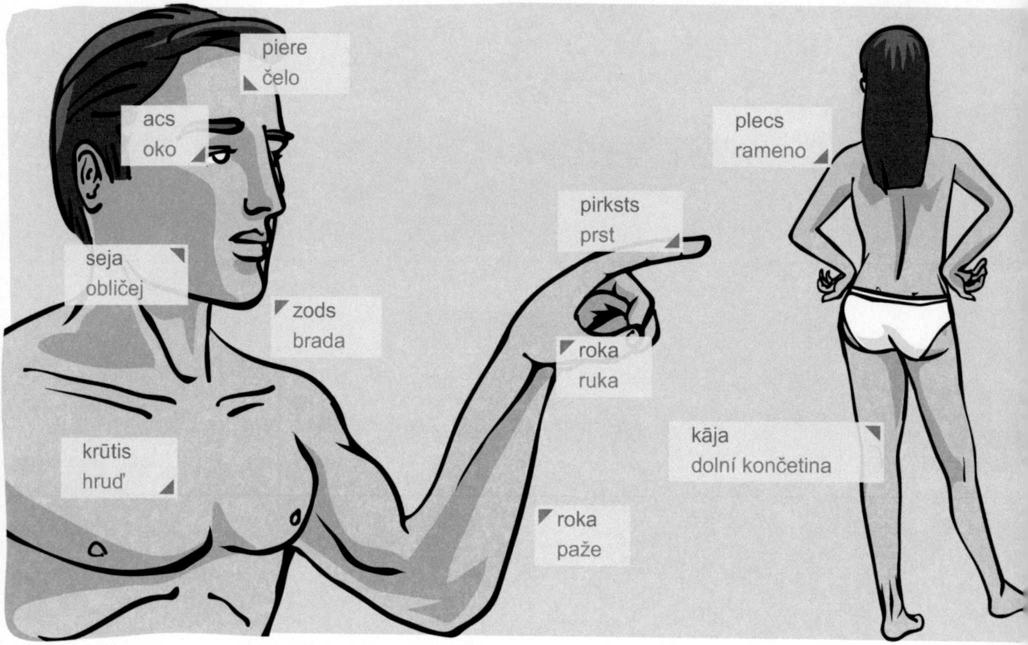

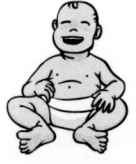

mazulis

dítě

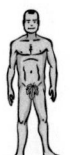

vīrietis

muž

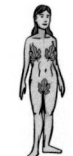

sieviete

žena

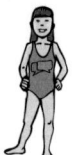

meitene

dívka

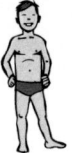

zēns

chlapec

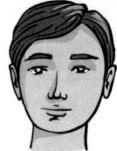

galva

hlava

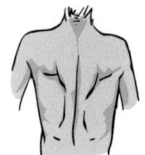

mugura

záda

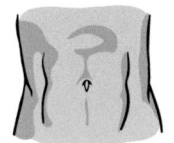

vēders

břicho

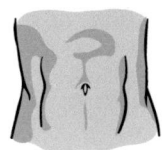

naba

pupík

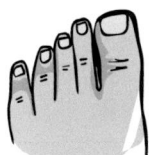

kājas pirksts

prst na noze

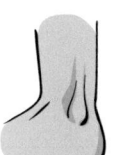

papēdis

pata

kauls

kost

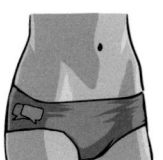

gurns

bok

celis

koleno

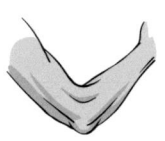

elkonis

loket

deguns

nos

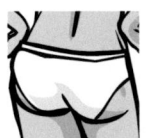

dibens

zadek

āda

kůže

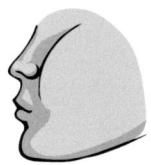

vaigs

tvář

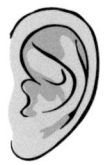

auss

ucho

lūpa

ret

mute

ústa

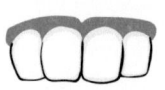

zobs

zub

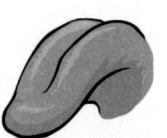

mēle

jazyk

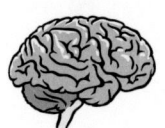

smadzenes

mozek

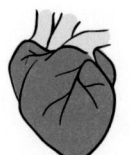

sirds

srdce

muskulis

sval

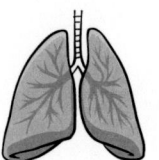

plaušas

plíce

aknas

játra

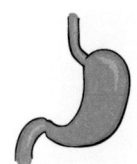

kuņģis

žaludek

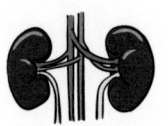

nieres

ledviny

dzimumakts

pohlavní styk

kondoms

kondom

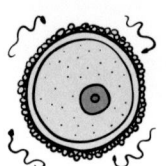

olšūna

vajíčko

sperma

sperma

grūtniecība

těhotenství

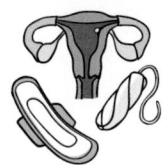

menstruācijas

menstruace

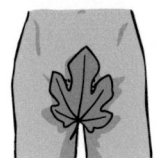

vagīna

vagina

penis

penis

uzacs

obočí

mati

vlasy

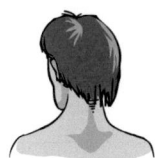

kakls

krk

# slimnīca
# nemocnice

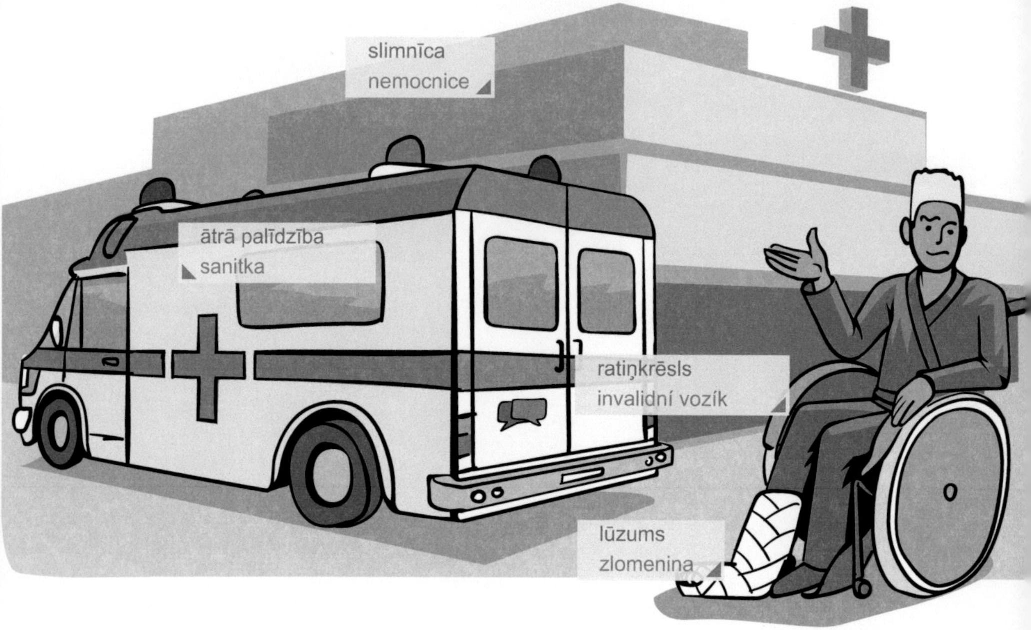

slimnīca
nemocnice
ātrā palīdzība
sanitka
ratiņkrēsls
invalidní vozík
lūzums
zlomenina

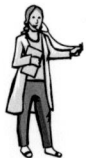

ārsts

lékař

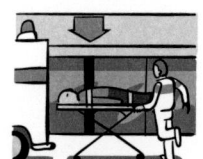

neatliekamās palīdzības nodaļa

pohotovost

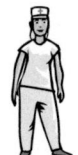

medmāsa

zdravotní sestra

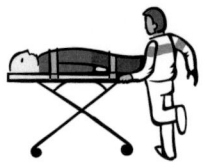

ārkārtas gadījums

urgentní případ

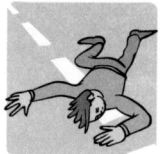

paģībis

v bezvědomí

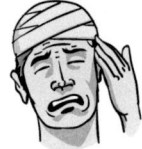

sāpes

bolest

ievainojums

úraz

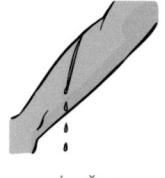

asiņošana

krvácení

sirdslēkme

infarkt myokardu

insults

cévní mozková příhoda

alerģija

alergie

klepus

kašel

temperatūra

horečka

gripa

chřipka

caureja

průjem

galvassāpes

bolest hlavy

vēzis

rakovina

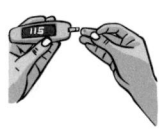

diabēts

cukrovka

ķirurgs

chirurg

skalpelis

skalpel

operācija

operace

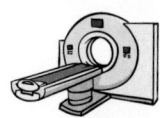

datortomogrāfija

CT

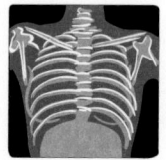

rentgents

rentgen

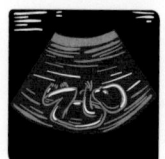

ultraskaņa

ultrazvuk

sejas maska

maska

slimība

nemoc

uzgaidāmā telpa

čekárna

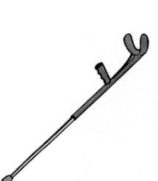

kruķis

berle

plāksteris

náplast

apsējs

obvaz

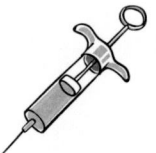

injekcija

injekce

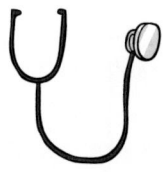

stetoskops

stetoskop

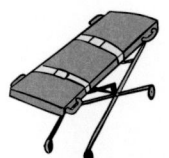

nestuves

nosítka

termometrs

teploměr

dzemdības

porod

liekais svars

nadváha

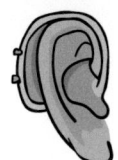

dzirdes aparāts

naslouchátko

dezinfekcijas līdzeklis

dezinfekční prostředek

infekcija

infekce

vīruss

virus

HIV / AIDS

HIV / AIDS

zāles

lékařství

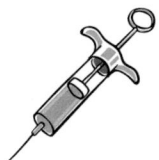

pote

očkování

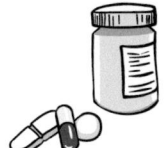

tabletes

tablety

pretapaugļošanās tablete

pilulka

ārkārtas izsaukums

tísňové volání

asinsspiediena mērītājs

tonometr

slims / vesels

nemocný / zdravý

Palīgā!

Pomoc!

trauksme

poplach

uzbrukums

přepadení

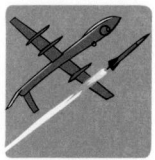

uzbrukums

napadení

bīstamība

nebezpečí

avārijas izeja

nouzový východ

Uguns!

Hoří!

ugunsdzēšamais aparāts

hasicí přístroj

negadījums

nehoda

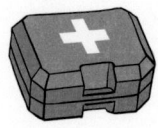

pirmās palīdzības aptieciņa

zdravotnická brašna

SOS

SOS

policija

policie

Eiropa

Evropa

Ziemeļamerika

Severní Amerika

Dienvidamerika

Jižní Amerika

Āfrika

Afrika

Āzija

Asie

Austrālija

Austrálie

Atlantijas okeāns

Atlantik

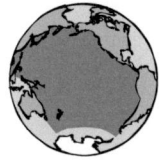

Klusais okeāns

Pacifik

Indijas okeāns

Indický oceán

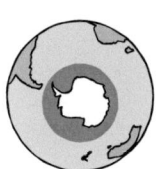

Dienvidu okeāns

Jižní ledový oceán

Ziemeļu ledus okeāns

Severní ledový oceán

Ziemeļpols

severní pól

Dienvidpols

jižní pól

Antarktika

Antarktida

zeme

země

zeme

pevnina

jūra

moře

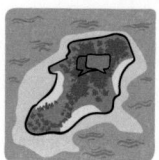

sala

ostrov

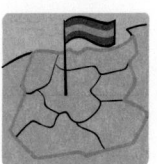

nācija

národ

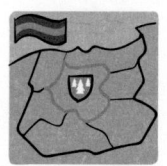

valsts

stát

zeme - země

ciparnīca

ciferník

stundu rādītājs

hodinová ručička

minūšu rādītājs

minutová ručička

sekunžu rādītājs

vteřinová ručička

Cik ir pulkstenis?

Kolik je hodin?

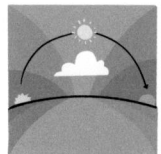

diena

den

laiks

čas

tagad

teď

digitālais pulkstenis

digitální hodinky

minūte

minuta

stunda

hodina

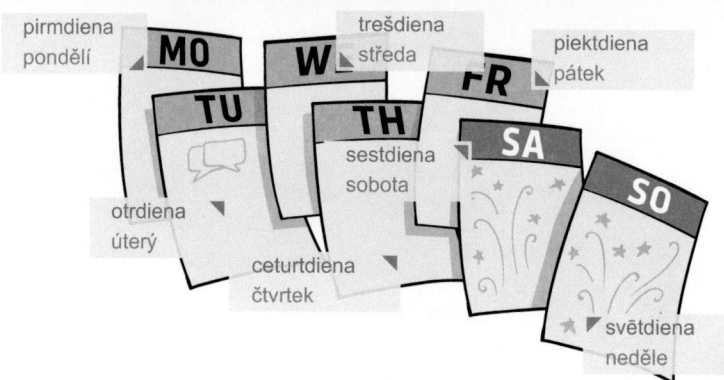

pirmdiena
pondělí

trešdiena
středa

piektdiena
pátek

otrdiena
úterý

sestdiena
sobota

ceturtdiena
čtvrtek

svētdiena
neděle

vakardien

včera

šodien

dnes

rītdien

zítra

rīts

ráno

pusdienlaiks

poledne

vakars

večer

darbadienas

pracovní dny

brīvdienas

víkend

lietus
déšť

varavīksne
duha

sniegs
sníh

vējš
vítr

pavasaris
jaro

rudens
podzim

vasara
léto

ziema
zima

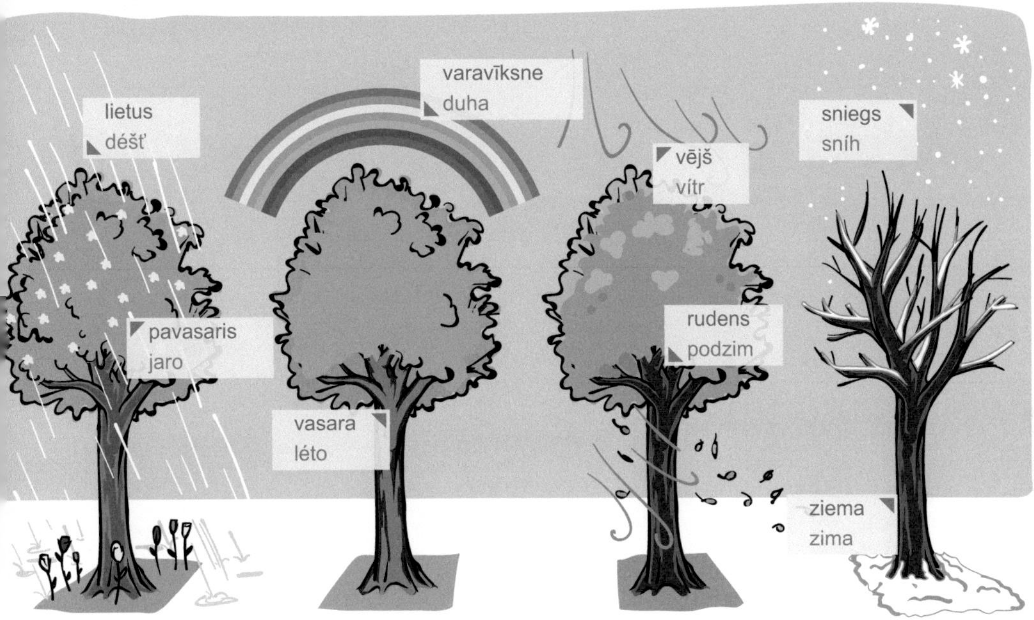

laika prognoze

předpověď počasí

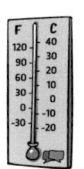

termometrs

teploměr

saules gaisma

sluneční svit

mākonis

mrak

migla

mlha

gaisa mitrums

vlhkost

zibens

blesk

pērkons

hrom

vētra

bouřka

krusa

kroupy

musons

monzun

plūdi

povodeň

ledus

led

janvāris

leden

februāris

únor

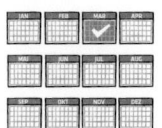

marts

březen

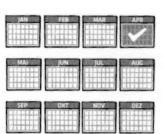

aprīlis

duben

maijs

květen

jūnijs

červen

jūlijs

červenec

augusts

srpen

septembris

září

oktobris

říjen

novembris

listopad

decembris

prosinec

aplis

kruh

kvadrāts

čtverec

četrstūris

obdélník

trīsstūris

trojúhelník

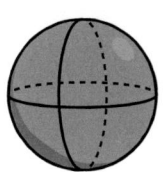

lode

koule

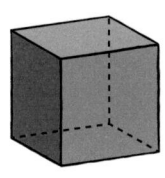

kubs

krychle

balts
............
bílá

dzeltens
............
žlutá

oranžs
............
oranžová

sārts
............
růžová

sarkans
............
červená

lillā
............
fialová

zils
............
modrá

zaļš
............
zelená

brūns
............
hnědá

pelēks
............
šedá

melns
............
černá

daudz / maz

hodně / málo

saniknots / miermīlīgs

rozzuřený / mírumilovný

skaists / neglīts

krásný / ošklivý

sākums / beigas

začátek / konec

liels / mazs

velký / malý

gaišs / tumšs

světlý / tmavý

brālis / māsa

bratr / sestra

tīrs / netīrs

čistý / špinavý

pilnīgs / nepilnīgs

úplný / neúplný

diena / nakts

den / noc

miris / dzīvs

mrtvý / živý

plats / šaurs

široký / úzký

baudāms / nebaudāms

jedlý / nejedlý

nikns / laipns

zlý / hodný

satraukts / garlaikots

vzrušený / znuděný

resns / tievs

tlustý / hubený

pirmais /pēdējais

nejdříve / naposledy

draugs / ienaidnieks

přítel / nepřítel

pilns / tukšs

plný / prázdný

ciets / mīksts

tvrdý / měkký

smags / viegls

těžký / lehký

izsalkums / slāpes

hlad / žízeň

slims / vesels

nemocný / zdravý

nelegāls / legāls

ilegální / legální

inteliģents / dumjš

inteligentní / hloupý

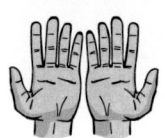

kreisais / labais

vlevo / vpravo

tuvu / tālu

blízko / daleko

jauns / lietots

nový / použitý

nekas / kaut kas

nic / něco

vecs / jauns

starý / mladý

ieslēgts / izslēgts

zapnutý / vypnutý

atvērts / slēgts

otevřeno / zavřeno

kluss / skaļš

tichý / hlasitý

bagāts / nabags

bohatý / chudý

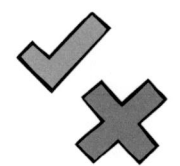

pareizi / nepareizi

správný / špatný

raupjš / gluds

drsný / hladký

noskumis / laimīgs

smutný / šťastný

īss / garš

krátký / dlouhý

lēns / ātrs

pomalý / rychlý

slapjš / sauss

vlhký / suchý

silts / vēss

teplý / chladný

karš / miers

válka / mír

**0**
nulle
nula

**1**
viens
jedna

**2**
divi
dva

**3**
trīs
tři

**4**
četri
čtyři

**5**
pieci
pět

**6**
seši
šest

**7**
septiņi
sedm

**8**
astoņi
osm

**9**
deviņi
devět

**10**
desmit
deset

**11**
vienpadsmit
jedenáct

**12**

divpadsmit

dvanáct


**13**

trīspadsmit

třináct


**14**

četrpadsmit

čtrnáct


**15**

piecpadsmit

patnáct


**16**

sešpadsmit

šestnáct


**17**

septiņpadsmit

sedmnáct


**18**

astoņpadsmit

osmnáct


**19**

deviņpadsmit

devatenáct


**20**

divdesmit

dvacet


**100**

simts

sto


**1.000**

tūkstotis

tisíc


**1.000.000**

miljons

milion

angļu

angličtina

amerikāņu angļu

americká angličtina

ķīniešu mandarīnu valoda

standardní čínština

hindi

hindština

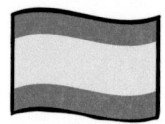

spāņu

španělština

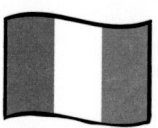

franču

francouzština

arābu

arabština

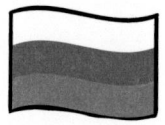

krievu

ruština

portugāļu

portugalština

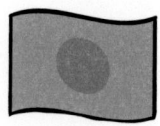

bengāļu

bengálština

vācu

němčina

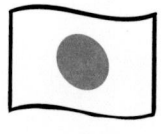

japāņu

japonština

es
.............
já

tu
.............
ty

viņš / viņa
.............
on / ona / ono

mēs
.............
my

jūs
.............
vy

viņi / viņas
.............
oni

kas?
.............
Kdo?

ko?
.............
Co?

kā?
.............
Jak?

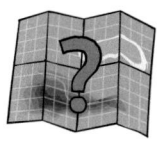

kur?
.............
Kde?

kad?
.............
Kdy?

vārds
.............
jméno

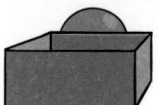

aiz

za

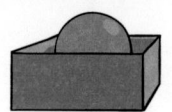

iekšā

do

priekšā

z

virs

nad

uz

na

zem

mezi

blakus

vedle

starp

mezi

vieta

místo